T0378449

La escuela secreta de Nasreen

Una historia real de Afganistán

JEANETTE WINTER

Traducción de Mariana Llanos

Beach Lane Books

Nueva York   Ámsterdam/Amberes   Londres   Toronto   Sídney/Melbourne   Nueva Delhi

*Para las valientes mujeres y niñas
de Afganistán*

Nota de la autora*

El Fondo Mundial para la Infancia (GFC, por sus siglas en inglés), una organización sin fines de lucro comprometida con el apoyo a la niñez mundial, me contactó para pedirme que creara un libro basado en un hecho real relacionado con una de las organizaciones que ellos patrocinan.

Enseguida me sentí atraída hacia una organización en Afganistán que fundó y fomentó las escuelas secretas para niñas durante el reinado de los talibanes entre los años 1996 y 2001.

La fundadora de estas escuelas, quien pidió anonimato, me contó la historia de Nasreen y su abuela. El nombre de Nasreen ha sido cambiado.

Antes de que los talibanes tomaran el control de Afganistán:

- El 70% de los maestros escolares eran mujeres
- El 40% de los doctores eran mujeres
- El 50% de los estudiantes en la Universidad de Kabul eran mujeres

Luego de que los talibanes tomaran el control de Afganistán:

- Las niñas tenían prohibido asistir a la escuela o a la universidad
- A las mujeres no se les permitía trabajar fuera de casa

- A las mujeres no se les permitía salir del hogar sin un acompañante masculino como chaperón
- Las mujeres eran forzadas a usar una burka, vestimenta que cubre el cuerpo completo, incluso la cabeza, con solo una pequeña abertura para los ojos.

Se había acabado el canto, el baile o el volar cometas. El arte y la cultura, en la tierra del inmortal poeta Rumi, habían sido desterrados. Los colosales Budas de Bamiyán, tallados en la base de una montaña, fueron destruidos. Una era de aislamiento y miedo había empezado.

Pero también existía la valentía por parte de los ciudadanos que desafiaban a los talibanes de muchas maneras, entre ellas apoyando a las escuelas secretas para niñas.

Aún ahora, luego de la caída del Gobierno talibán en Afganistán en 2001, el peligro persiste. Siguen bombardeando, incendiando y cerrando las escuelas. Siguen amenazando de muerte a las maestras. Siguen atancando o amenazando a las niñas si asisten a la escuela.

Y *aún así*, las niñas, sus familias y sus maestros desafían la tiranía al mantener las escuelas abiertas.

Su valentía se ha mantenido en pie.

*Esta nota fue traducida de la nota del libro original, publicado en inglés en 2009.

Mi nieta Nasreen vive conmigo en Herat,
una ciudad muy antigua de Afganistán.
El arte, la música y el aprendizaje alguna vez
florecieron aquí.

Luego llegaron los soldados y todo cambió.

El arte, la música y el aprendizaje se acabaron.

Nubes oscuras cubrieron nuestra ciudad.

La pobre Nasreen se la pasaba sentada en casa todo el día,
porque asistir a la escuela estaba prohibido para las niñas.
Los soldados talibanes no querían que las niñas aprendieran
nada acerca del mundo, como pudimos hacerlo la mamá de
Nasreen y yo cuando éramos niñas.

Una noche, los soldados vinieron a
nuestra casa

y se llevaron a mi hijo sin
explicación alguna.

Esperamos su regreso muchos días
y muchas noches.

Al final, la mamá de Nasreen, desesperada, se fue
a buscarlo, a pesar de que salir sola a la calle estaba
prohibido para las mujeres y las niñas.

La luna llena pasó por nuestra ventana
muchas veces mientras Nasreen y yo
esperábamos.

Nasreen nunca dijo una palabra.

No sonrió más.

Solo se sentó a esperar que su mamá y su papá volvieran.

En ese momento, supe que debía hacer algo.

Había escuchado rumores acerca de una escuela,

una escuela secreta para niñas,

detrás de un portón verde en una calle cercana.

Quería que Nasreen asistiera a esa escuela secreta.

Quería que aprendiera acerca del mundo como yo lo

había hecho.

Quería que hablara de nuevo.

Así que un día Nasreen y yo nos escabullimos
por las calles hasta llegar al portón verde.
Por suerte ningún soldado nos vio.

Toqué a la puerta muy despacito.
La maestra nos abrió y enseguida nos
escurrimos dentro.

Cruzamos el patio hacia la escuela,
una habitación repleta de niñas
en una casa particular.

Nasreen se sentó al fondo del salón.

Por favor, Alá, abre sus ojos al mundo,

recé mientras me iba.

Nasreen no habló con las otras niñas.

No le habló a la maestra.

En casa, permanecía en silencio.

Yo temía que los soldados descubrieran la escuela.

Pero las niñas eran astutas.

Entraban y salían de la escuela a diferentes horas
para no levantar sospechas.

Y cuando los niños veían soldados cerca del portón
verde, los distraían.

Me contaron de un soldado que golpeó
a la puerta exigiendo entrar.

Pero todo lo que encontró fue una habitación
llena de niñas leyendo el Corán,
lo cual estaba permitido.
Las niñas habían escondido sus tareas
escolares, burlando así al soldado.

Una de las niñas, Mina, se sentaba junto
a Nasreen todos los días.
Pero nunca se dirigían la palabra.
Mientras las niñas aprendían,
Nasreen seguía dentro de su caparazón.

Mi preocupación era profunda.

Cuando la escuela cerró por el largo receso de invierno,
Nasreen y yo nos sentamos frente a la chimenea.
Nuestros familiares nos regalaban la comida y la leña
que podían compartir.
Extrañábamos a su mamá y a mi hijo más que nunca.
¿Alguna vez sabríamos lo que les había sucedido?

El día que Nasreen regresó a la escuela,
Mina le susurró al oído.

¡Y Nasreen le respondió!

Con esas palabras, las primeras desde que
su mamá partió en búsqueda de mi hijo,
Nasreen abrió su corazón a Mina.

Y sonrió por primera vez desde que
se llevaron a su papá.

Al fin, poco a poco, día a día, Nasreen aprendió
a leer, a escribir, a sumar y a restar.

Cada noche me enseñaba lo que
había descubierto ese día.

Las ventanas se abrieron para
Nasreen en aquella pequeña aula.

Aprendió sobre los artistas y los escritores
y los maestros y los místicos quienes,
hace mucho tiempo,

hicieron hermosa a Herat.

Nasreen ya no se siente sola.
El conocimiento que lleva dentro
la acompañará siempre, como
una buena amiga.

Ahora puede ver el cielo azul
más allá de esas nubes oscuras.

Por mi parte, mi mente está tranquila.
Sigo esperando el regreso de mi hijo y su esposa.
Pero los soldados nunca podrán cerrar las
ventanas que se han abierto para mi nieta.

Insha'Allah.

La frase Insha'Allah en la página 38 significa «Si Dios quiere».

El Fondo Mundial para la Infancia (GFC, por sus siglas en inglés) (GlobalFundforChildren.org/es/) es una organización sin fines de lucro comprometida con el avance de la dignidad de los niños y jóvenes alrededor del mundo. El GFC realiza su misión otorgando apoyo económico a organizaciones comunitarias que trabajan con los niños y jóvenes más vulnerables del mundo.

BEACH LANE BOOKS • Un sello editorial de la División Infantil de Simon & Schuster • 1230 Avenida de las Américas, Nueva York, Nueva York 10020 • Durante más de 100 años, Simon & Schuster ha abogado por los autores y por las historias que estos crean. Respetar los derechos de la propiedad intelectual permite que Simon & Schuster y los autores continúen publicando libros excepcionales. Gracias por apoyar los derechos de autor al comprar una edición autorizada de este libro. • Queda prohibida la reproducción, copia o distribución total o parcial de este libro en cualquier medio o formato, así como su almacenamiento en cualquier sitio web, base de datos, modelo de aprendizaje de idiomas u otro repositorio, sistema de recuperación o inteligencia artificial sin permiso expreso. Todos los derechos reservados. Para cualquier consulta, diríjase a Simon & Schuster, 1230 Avenue of the Americas, New York, NY 10020 o a permissions@simonandschuster.com. • © 2009 de Jeanette Winter • Traducción © 2025 de Simon & Schuster, LLC • Traducción de Mariana Llanos • Diseño del libro de Ann Bobco • Originalmente publicado en inglés en 2009 por Beach Lane Books como *Nasreen's Secret School* • Todos los derechos reservados, incluido el derecho a la reproducción total o parcial en cualquier formato. • BEACH LANE BOOKS y su colofón son marcas comerciales de Simon & Schuster, LLC. • Para obtener información respecto a descuentos especiales en ventas al por mayor, llame a Simon & Schuster Special Sales, 1-866-506-1949, o escriba a business@simonandschuster.com. • Simon & Schuster cree firmemente en la libertad de expresión y se opone a la censura en todas sus manifestaciones. Para obtener más información, visite BooksBelong.com. • El Simon & Schuster Speakers Bureau puede llevar autores a su evento en vivo. Para obtener más información o para reservar a un autor, póngase en contacto con Simon & Schuster Speakers Bureau, 1-866-248-3049, o visite nuestra página web en www.simonspeakers.com. • El texto de este libro usa la fuente Bernhard Modern BT. • Las ilustraciones de este libro fueron hechas con pintura acrílica. • Fabricado en China • 0425 SCP • Primera edición en español de Beach Lane Books, agosto de 2025 • 2 4 6 8 10 9 7 5 3 1 • Library of Congress Cataloging-in-Publication Data • Names: Winter, Jeanette, author. | Llanos, Mariana, translator. • Title: La escuela secreta de Nasreen : una historia real de Afganistán / Jeanette Winter ; Traducción de Mariana Llanos • Other titles: Nasreen's secret school. Spanish • Description: New York : Beach Lane Books, [2025] | "La escuela secreta de Nasreen (Nasreen's Secret School)" | Audience: Ages 6-9 | Audience: Grades 2-3 | Summary: "The story of a young girl in Afghanistan who attends a secret school for girls"— Provided by publisher. • Identifiers: LCCN 2024045304 (print) | LCCN 2024045305 (ebook) | ISBN 9781665972413 (hardcover) | ISBN 9781665972406 (paperback) | ISBN 9781665972420 (ebook) • Subjects: LCSH: Girls' schools—Afghanistan—Juvenile literature. | Girls—Education—Afghanistan—Juvenile literature. | Taliban—Juvenile literature. | Afghanistan—Social conditions—21st century—Juvenile literature. | CYAC: Girls—Fiction. | Education—Afghanistan. | Taliban.| Afghanistan—Social conditions. • Classification: LCC LC2410.A3 W56 2025 (print) | LCC LC2410.A3 (ebook) | DDC 371.823/4209581—dc23/eng/20241010 • LC record available at https://lccn.loc.gov/2024045304 • LC ebook record available at https://lccn.loc.gov/2024045305 • ISBN 9781665972413 (tapa dura) • ISBN 9781665972406 (rústica) • ISBN 9781665972420 (edición electrónica)